CROIX DE JÉSUS,

OU

ALPHABET CHRÉTIEN.

Je ne reconnoîtrai pour authentiques que les exemplaires qui porteront ma signature, et je poursuivrai les contrefacteurs.

DE L'IMPRIMERIE DE J.-B. IMBERT.

FRONTISPICE.

LA CROIX-DE-JÉSUS

ou Alphabet Chrétien,

Orné
de 20 Sujets en taille-douce.

PARIS,
A LA LIBRAIRIE D'ÉDUCATION,
ET DE JURISPRUDENCE
D'ALEXIS EYMERY, Rue Mazarine N° 30.
(1813)

CROIX DE JÉSUS,

OU

ALPHABET CHRÉTIEN,

CONTENANT UN ABRÉGÉ DE L'ANCIEN ET DU NOUVEAU TESTAMENT, DES MAXIMES TIRÉES DE L'HISTOIRE SAINTE, DES PRIÈRES ET DES CANTIQUES.

A PARIS,

A LA LIBRAIRIE D'ÉDUCATION
ET DE JURISPRUDENCE
D'ALEXIS EYMERY, rue Mazarine, n°. 30.

1812.

A	B
C	D
E	F

a	b
c	d
e	f

G	H
IJ	K
L	M

g	h
ij	k
l	m

N	O
P	Q
R	S

n	o
p	q
r	s

T	U
V	X
Y	Z

t	u
v	x
y	z

A B C D

E F G H

I J K L

M N O P

Q R S T

U V X Y Z.

a b c d

e f g h

i j k l

m n o p

q r s t

u v x y z.

(14)

ALPHABET QUADRUPLE,

Ou Lettres majuscules et minuscules, courantes, italiques et manuscrites.

A a	B b	C c	D d	E e
A a	*B b*	*C c*	*D d*	*E e*
F f	G g	H h	I i	J j
F f	*G g*	*H h*	*I i*	*J j*
K k	L l	M m	N n	O o
K k	*L l*	*M m*	*N n*	*O o*
P p	Q q	R r	S s	T t
P p	*Q q*	*R r*	*S s*	*T t*
U u	V v	X x	Y y	Z z
U u	*V v*	*X x*	*Y y*	*Z z*

(15)

*Lettres doubles et liées
ensemble.*

æ œ fi ffi
fi ffi fl ffl
ff ſb ﬂ ſſ
ct ſt w &.

œ œ fi ffi
ſi ſſi fl ffl
ff ſb ſl ſſ
ct ſt w &.

a e i ou y o u
ba be bi bo bu
ca ce ci co cu
da de di do du
fa fe fi fo fu
ga ge gi go gu
ha he hi ho hu
ja je ji jo ju
ka ke ki ko ku
la le li lo lu

ma me mi mo mu
na ne ni no nu
pa pe pi po pu
qua que qui quo qu
ra re ri ro ru
sa se si so su
ta te ti to tu
va ve vi vo vu
xa xe xi xo xu
za ze zi zo zu

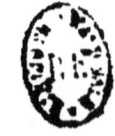

Lettres accentuées.

é (aigu)
à è ù (graves)
â ê î ô û (circonflexes)
ë ï ü (tréma)

Signes de la Ponctuation.

La Virgule (,)
Le Point et la Virgule (;)
Les deux Points (:)
Le Point (.)
Le Point d'interrogation (?)
Le Point d'exclamation et d'admiration (!)
Le c cédille (ç)
Les Parenthèses ()
Les Guillemets (» »)
Le Trait d'union (-)
L'Apostrophe (').

Mots d'une seule syllabe.

Jeu.	Peu.
Feu.	Vin.
En.	Mur.
Sur.	Pan.
Un.	Il.
Les.	Mes.
Ver.	Mer.
Pis.	Pot.
Eau.	Peau.
Loup.	Coup.
Mon.	Dent.
Lent.	Dans.
Bien.	Mien.
Dieu.	Lieu.

Liard.   Oui.
Moi.   Lui.
Miel.   Ciel.

Mots de deux syllabes.

Dra gon.   Pa pier.
Fi chu.   Po li.
Ma man.   Fan fan.
Li vre.   Plu me.
Mi roir.   Cham bre
Ri deau.   Fau teuil.
Ai me   Ri re.
Mar cher.   Sau ter.

Mots de trois syllabes.

Po lis son.   E co le.
Mar ti net.   Fé ru le.
Pré cep teur.   E tu diant.

Mots de quatre syllabes.

E cri toi re.   Do mi ci le.
Phi lo so phe.   Hon nê te té.
A ven tu re.   Ca ma ra de.

Mots de cinq syllabes.

Cu ri o si té.   So len nel le ment.

Exemple de l'e muet.

Table.   Canne.
Bonne.   Femme.
Chemise.   Homme.
Donne.   Somme.

Exemple de l'é fermé.

Vérité.   Fermeté.
Charité.   Chasteté.
Curé.   Pâté.

Exemple de l'è ouvert.

Frère.   Mère.
Père.   Misère.

Exemple de l'è très-ouvert.

Tempête.   Fête.

Exemple de l'e moyen.

Mer.   Fier.
Sonnette.   Fleurette.

Exemple de l'accent circonflexe sur toutes les voyelles.

Pâté.   Tête.
Gîte.   Hôte.
Flûte.   Aumône.

Exemple du tréma.

Aïeul.   Naïf.
Haïr.   Saül.

Exemple de l'y entre deux voyelles.

Citoyen. Royal.
Voyage. Payen.

Exemple de la cédille.

Maçon.   Reçu.
Façon.   Garçon.

Exemple de l'l mouillée.

Paille.   Vaillant.
Pareil.   Périlleux.
Bouillir. Cuiller.
Avril.   Babil.

Exemple de l'h aspirée.

Le héros.   Le honteux.

Le hanneton. Le haricot.
Le hareng. La honte.

Phrases à épeler.

Si je suis bien obéissante, maman me donnera un gâteau; elle me mènera promener.

L'entêtement annonce la bêtise : un enfant doit être docile et soumis.

Le gourmand se rend malade en voulant trop manger : on voit des enfants qui meurent très-jeunes pour n'avoir pas écouté leurs mamans quand ils prennent leurs repas.

Mimi ne passe jamais devant un pauvre sans lui faire la révérence; elle est bien contente lorsque sa maman lui donne un sou pour faire l'aumône : le bon dieu la bénira !...

Cette petite fille fait ses prières avec attention, sans tourner la tête de côté et d'autre, parce qu'elle sait que le bon Dieu a fait le ciel, la terre, tous les hommes et les animaux; qu'il lui conserve son papa et sa maman; qu'il lui donne la santé et toutes les choses qui lui sont nécessaires.

Adèle n'a jamais menti : son papa et sa maman l'aiment à cause de cela. Ses compagnes ont en elle une grande confiance : tout le monde dit qu'Adèle sera un bon sujet.

Rose est un peu étourdie; mais elle fait tout son possible pour s'appliquer. On la voit retirée dans un coin, éloignée de ses compagnes, pour éviter les distractions : c'est ce qui fait qu'on la gronde fort peu quand elle ne sait pas sa leçon.

Sophie a un grand respect pour la vieillesse. Quand elle voit une personne âgée, elle se tient debout, d'un air décent et sérieux, écoute ce qu'on lui dit, répond avec politesse et modestie, et se fait admirer par cette conduite, qui annonce du jugement, un bon cœur et une excellente éducation.

POUR OFFRIR LA JOURNÉE AU SEIGNEUR.

Prière.

O dieu dont je tiens l'être !
Toi qui règles mon sort,
Seul arbitre, seul maître
De mes jours, de ma mort !...
Je t'offre les prémices
Du jour qui luit sur moi,
Et veux, sous tes auspices,
Ne le donner qu'à toi.

Daigne, d'un œil propice,
En voir tous les instants ;
Que ta main en bannisse
Tous les dangers pressants ;
Surtout, dieu de clémence,
Qu'avec ton saint secours,
Nul crime, nul offense,
N'en ternisse le cours.

Autre Prière.

Que m'arrivera-t-il aujourd'hui, ô mon Dieu ? Je n'en sais rien ; tout ce que je sais, c'est qu'il ne m'arrivera rien que vous n'ayez prévu, réglé et ordonné : cela me suffit. J'adore, ô mon Dieu, vos desseins éternels et impénétrables ; je m'y soumets de tout mon cœur pour l'amour de vous. Je veux tout, j'accepte tout, je vous fais un sacrifice de tout, et j'unis ce sacrifice à celui de J.-C., mon divin sauveur. Je vous demande en son nom et par ses mérites infinis, la patience dans mes peines et la parfaite soumission qui vous est due pour tout ce que vous voulez ou permettez. Ainsi soit-il.

ABRÉGÉ DE L'HISTOIRE DE L'ANCIEN TESTAMENT.

CRÉATION DU MONDE.

Dieu voulant tirer du néant le monde et tout ce qu'il renferme, créa d'abord le ciel et la terre, puis la lumière ; il sépara la terre d'avec les eaux, auxquelles il donna le nom de *mer*. Il commanda à la terre de produire des herbes et des fruits qui eussent en eux-mêmes leurs semences ; ensuite Dieu peupla l'air, la terre et les eaux de créatures animées ; puis il fit l'homme, la plus noble des créatures, auquel il donna l'intelligence, pour connoître et aimer son créateur.

Dieu cessa d'agir le septième jour, et il le consacra pour jamais. C'est pourquoi le *dimanche* est appelé le jour du seigneur.

Adam étoit seul, Dieu voulut lui donner une compagne : il lui envoya un sommeil divin, pendant lequel il tira une de ses côtes, dont il forma la femme. Adam dit en la voyant : *C'est l'os de mes os, et la chair de ma chair.*

Adam et Eve furent placés dans le Paradis terrestre, lieu de délices, rempli de toutes sortes de fruits, mais avec défense de toucher à l'arbre *de la science du bien et du mal.* Ils désobéirent et mangèrent la pomme fatale, qui fit entrer le péché dans le monde.

Quand Adam et Eve eurent péché, ils se cachèrent. Dieu appela Adam et lui reprocha sa désobéissance; il le condamna au travail; le rendit, lui et ses descendants, sujets aux maladies et à la mort.

LE DÉLUGE UNIVERSEL.

Adam eut deux fils après son péché, *Caïn* et *Abel*. Caïn cultiva la terre; Abel se fit pasteur de troupeaux. Dieu eut agréables les sacrifices de ce jeune homme, dont le cœur étoit pur : son frère en conçut de la jalousie et le tua dans la cam-

pagne. Le crime de Caïn s'éleva jusqu'au ciel ; Dieu le maudit.

Les descendants de Caïn souillèrent la terre de toutes sortes de crimes. Ils devinrent si méchants, que Dieu résolut de les faire périr par le déluge. Un seul homme trouva grace devant le Seigneur. Noé, qui étoit juste, reçut l'ordre de faire l'*arche* : c'étoit une espèce de grand coffre, avec un couvercle. Dieu lui marqua les mesures et toutes les proportions qu'elle devoit avoir. Au bout de cent ans, le moment étant arrivé de purifier la terre, Noé fit entrer dans l'arche sept paires de tous les animaux purs, et deux paires de tous ceux qui étoient impurs ; ensuite il y entra lui-même avec ses trois enfants, Sem, Cham et Japhet, sa femme et les trois femmes de ses fils. Alors la pluie du ciel tomba pendant quarante jours et quarante nuits, et fit périr tous les hommes, les animaux de la terre et les oiseaux du ciel.

La terre ayant été submergée pendant cinquante jours, Dieu se souvint de Noé; il envoya un vent frais qui sécha les eaux :

sept mois après le commencement du déluge, l'arche s'arrêta sur les montagnes d'Arménie.

NOÉ MAUDIT CHAM.

La terre étant sèche, Noé sortit de l'arche un an après y être entré. Dieu fit alliance avec lui et ses enfants : il voulut que l'arc-en-ciel en fût le signe, et qu'il rappelât aux hommes la promesse qu'il leur faisoit d'empêcher dorénavant les eaux d'inonder la terre.

Malgré la faveur signalée que le Seigneur avoit faite à la famille du saint patriarche, *Cham*, l'un de ses fils, osa offenser Dieu, en manquant de respect à son père : Noé, dans sa douleur, le maudit. Il prédit qu'il seroit éternellement le serviteur des serviteurs de ses frères ; il bénit au contraire *Sem* et *Japhet* et leur promit une longue et heureuse postérité.

TOUR DE BABEL.

1757 ans après la création du monde, les enfants de Noé se trouvèrent en si grand nombre, que, ne pouvant demeurer ensemble, ils pensèrent à se séparer. Avant cette séparation ils entreprirent de faire une tour qui allât jusqu'au ciel, afin de se sauver, si Dieu vouloit encore châtier le monde par un déluge. Dieu, pour les punir de leur folie et de leur vanité, confondit leur langage : c'est ce qui fit appeler cette tour de *Babel;* c'est-à-dire de confusion. Babylone, célèbre ville d'Asie, dont il reste à peine des ruines, fut bâtie dans ce lieu même.

ABRAHAM.

Vers l'an du monde 2083, Dieu choisit Abraham pour être la tige d'une race choisie et fidèle. Ce saint homme demeuroit dans la ville d'*Ur*, au pays des Chaldéens, peuples idolâtres. Dieu lui fit ce commandement : « Sortez, lui dit-il, de votre terre, de votre pays, et venez dans la terre que je vous montrerai ; je vous rendrai le chef et le père d'un grand peuple ; votre nom deviendra célèbre ; je bénirai ceux qui vous béniront, et je maudirai ceux qui vous maudiront. » Abraham crut aux promesses de Dieu ; il quitta la ville d'*Ur* pour demeurer à *Haram*, en Mésopotamie, où son père étant mort, il vint en la terre de Chanaam avec Sara, sa femme, et Loth, son neveu. Lorsqu'il y fut arrivé, Dieu lui promit encore de lui donner le pays où il étoit.

Or, il arriva dans ce temps une grande famine, qui obligea le saint patriarche d'aller en Egypte avec Sara, que le roi de ce pays voulut retenir, la croyant sœur d'Abraham. Revenus à Béthel, après le voyage d'Egypte, Abraham et Loth, dont les troupeaux couvroient une grande étendue de pays, s'aperçurent qu'il falloit se séparer ; Loth fixa sa demeure à *Sodome*.

Dieu, voulant accomplir les promesses qu'il avoit faites à Abraham, lui donna un fils, quoique Sara fût dans la vieillesse. Ce fils, nommé Isaac, combla de joie son père et sa mère.

Lorsqu'il eut trente-sept ans, Dieu ordonna à Abraham de prendre ce fils bien aimé, et de le lui immoler sur la montagne. Ce saint homme, dont la foi étoit grande, n'hésita point; il se leva de grand matin, et, suivi d'Isaac, il monta la montagne du *calvaire*, y dressa un autel, y mit le bois que son fils avoit apporté, et lia Isaac; mais comme il levoit la main pour consommer son sacrifice, un ange retint son bras : Dieu étoit satisfait de son obéissance.

Bientôt après, Sara mourut, âgée de cent vingt-sept ans. Isaac épousa *Rebecca*, petite-fille de *Nachor*, frère d'Abraham, qui demeuroit en Mésopotamie. De ce mariage, naquirent *Esaü* et *Jacob*. Celui-ci surprit la bénédiction de son père Isaac; il fut le père des douze patriarches, *Ruben*, *Siméon*, *Lévi*, *Juda*, *Zabulon*, *Issachar*, *Dan*, *Gad*, *Aser*, *Nephtali*, *Joseph*, et *Benjamin*.

JOSEPH.

Joseph, l'un des fils de *Jacob*, s'attira la haine de ses frères en leur racontant deux songes qu'il avoit eus, qui marquoient son élévation future. Un jour qu'ils étoient à *Sichem*, Joseph étant venu les trouver, ils le vendirent à des marchands ismaélites, et firent accroire à leur père qu'une bête féroce l'avoit dévoré. Joseph fut conduit en Egypte, où sa profonde sagesse le fit connoître du roi, qui lui donna une pleine autorité sur tout le royaume.

Sept années de stérilité ayant frappé la terre de Chanaam, comme les autres, Jacob envoya ses fils en Egypte pour y acheter du grain; car le sage ministre qui gouvernoit le pays en avoit ramassé abondamment dans un temps de fertilité. Joseph reconnut ses frères; il fit venir son père. Ayant obtenu du roi la terre de Gessen pour y habiter, Jacob et ses enfants,

au nombre de soixante-dix personnes, furent sauvés par la Providence et la bonté de Joseph.

MOÏSE.

Tant que Joseph vécut les Hébreux furent protégés; mais après sa mort, le roi, aussi nommé Pharaon, qui succéda à celui qui avoit fait venir Jacob, persécuta le peuple de Dieu; il ordonna aux Egyptiens de prendre les enfants mâles des Hébreux, et de les jeter dans le Nil: il en périt un grand nombre de cette manière.

Pendant cette persécution, Amram, de la tribu de Lévi, eut un fils parfaitement beau; sa femme le cacha trois mois; mais les ordres de Pharaon s'exécutoient avec tant de sévérité, qu'elle fut obligée d'abandonner ce cher enfant; elle l'exposa sur le bord du Nil, dans une corbeille de jonc. La fille du roi, étant venue pour se baigner, vit ce petit qui crioit; elle en eut compassion, et le fit élever. Elle le nomma *Moïse*, parce qu'elle l'avoit sauvé des eaux.

Moïse fut choisi de Dieu pour sauver son peuple. Le Seigneur lui apparut sur la montagne d'Horeb, dans un buisson ardent ; il lui ordonna de délivrer les Hébreux de la tyrannie des Egyptiens, et lui donna le pouvoir de faire des miracles.

Moïse se présenta devant le roi ; il lui commanda de la part de Dieu de laisser aller son peuple ; mais Pharaon se moqua de lui. Dieu, voulant punir ce méchant prince, frappa l'Egypte de plusieurs plaies. Pharaon ne s'étant point rendu, le Seigneur ordonna à Moïse d'immoler un agneau dans chaque famille des Hébreux, de le manger debout, prêt à partir, un bâton à la main, comme pour un voyage ; il voulut qu'en l'immolant, on teignît de son sang le haut de la porte. Moïse fit ce que Dieu lui avoit commandé.

Au milieu de la nuit, l'ange exterminateur frappa tous les premiers nés des Egyptiens. Cette dixième plaie épouvanta le roi Pharaon, qui consentit enfin à laisser partir les Hébreux ; mais bientôt il s'en repentit, et se mit à leur poursuite avec une grande armée. La mer s'ouvrit pour laisser passer le peuple de Dieu ; Pharaon, qui le suivoit, fut englouti lui et toute son armée.

Moïse mena les Hébreux dans le désert, où Dieu les nourrit pendant quarante ans de la manne qui tomboit du ciel.

Trois mois après la sortie d'Egypte, Dieu donna sa loi à son peuple sur le mont Sinaï, parmi les éclairs et les tonnerres ; mais pendant que Moïse s'entretenoit avec le Seigneur, les Hébreux firent un veau d'or pour l'adorer. Dieu les punit sévèrement de cette faute.

Moïse mourut à l'âge de cent vingt ans, sur le mont Abarim, d'où il vit la terre promise.

LES JUGES.

Moïse étant mort, le peuple promit à Josué de lui obéir en tout. Dieu signala d'abord ce nouveau chef par le passage du Jourdain, dont les eaux remontant vers leur source, s'élevèrent comme une haute montagne : le peuple y passa à pied sec ; les murailles de Jéricho tombèrent devant l'arche et au son des trompettes.

Après *Josué*, le peuple de Dieu eut pour juges *Othoniel*, *Aod*, *Débora*, femme courageuse, *Gédéon*, *Abimelech*, *Thola*, *Jaïr*, *Jephté*, qui, ayant fait vœu, s'il gagnoit la victoire, d'immoler la première personne qui viendroit à sa rencontre, eut la douleur de voir que c'étoit sa fille; *Abésan*, *Ahialon*, *Abdon*, *Samson*, dont la force étoit prodigieuse : étant encore fort jeune, il déchira un lion comme si c'eût été un chevreau ; il enleva les portes de la ville de Gaza, où on l'avoit enfermé pour le prendre; *Héli*, qui, à la nouvelle de la prise de l'arche, fut si pénétré de douleur, qu'il tomba à la renverse et se tua ; enfin *Samuël*, prophète et le dernier des juges.

LES ROIS.

Les Hébreux se lassèrent d'être gouvernés par le Seigneur, par l'entremise de ses ministres : ils demandèrent à avoir un roi comme les autres peuples du monde. Dieu leur donna *Saül*, de la tribu de Benjamin; Saül se rendit bientôt indigne de cette faveur en désobéissant à Dieu. *David* lui succéda.

Ce jeune berger, de la tribu de Juda, signala sa valeur par la défaite du géant Goliath. Il fut sacré avec l'huile sainte par le prophète Samuël. David vainquit ses ennemis et ne sut pas se vaincre lui-même; il commit de grandes fautes, dont il fit pénitence. *Salomon*, son fils, qui lui succéda, fut remarquable par sa sagesse; cependant il tomba dans l'idolâtrie, et mourut dans l'impénitence.

Roboam, successeur de Salomon, ayant refusé d'affranchir le peuple des impôts dont son père l'avoit chargé, dix tribus se révoltèrent, et choisirent pour roi *Jéro-*

boam. La tribu de Juda, celle de Benjamin restèrent fidèles ; celle de Lévi se réunit à Juda. Le royaume qui demeura à la race de David fut nommé royaume de Juda, ou des Juifs ; celui de Jéroboam s'appela le royaume d'Israël.

Maître des dix tribus d'Israël, Jéroboam se persuada que si ce peuple alloit à son ordinaire à Jérusalem pour y offrir ses sacrifices à Dieu, il rentreroit dans l'obéissance de Roboam, son roi légitime ; il fit faire deux veaux d'or, mit l'un à Bethel et l'autre à Dam, leur dressa des autels avec une grande magnificence, et dit au peuple qu'il les devoit adorer. Un prophète, indigné de cette idolâtrie, fit fendre l'autel où ce roi offroit ses sacrifices. Laissons un moment les rois d'Israël, et voyons si ceux de Juda marchent dans les voies du Seigneur.

ROIS DE JUDA.

On compte vingt rois de Juda, savoir : *Roboam, Abias, Aza, Josaphat, Jo-*

zam, *Ochosias*, *Athalie*, reine, *Joas*, *Amasias*, *Ozias*, *Joathan*, *Achas*, *Ezéchias*, *Manassés*, *Amon*, *Josias*, *Joachas*, *Joachim*, *Jéchonias* et *Sédécias*.

Plusieurs de ces rois descendus de David ne suivirent point ses exemples, et furent idolâtres, vicieux, injustes, cruels. L'ambitieuse *Athalie*, pour s'affermir sur le trône, fit massacrer ses petits-enfants et tous les princes de la maison royale. *Joas*, sauvé de sa cruauté par *Josabeth*, sa tante, femme du grand-prêtre, fut élevé dans le temple : devenu roi, il fit paroître dans ses jeunes années des sentimens nobles et vertueux ; mais après la mort du grand-prêtre, il s'abandonna à ses passions, et fut massacré dans son palais. Parmi ses successeurs, les uns adorèrent le vrai Dieu, les autres sacrifièrent à *Moloch*, idole des Gentils ; ce qui alluma la colère du Seigneur.

Dieu choisit pour ministre de ses vengeances *Nabuchodonosor*, roi d'Assyrie. Le peuple juif fut conduit captif à Babylone en trois différentes fois. *Sédécias*, leur dernier roi, vit massacrer ses enfants, et eut les yeux crevés. La ville de Jérusalem fut pillée et détruite, le temple brûlé, les vases sacrés transportés à Babylone.

Pendant la captivité des Juifs, il leur arriva des choses très-remarquables : *Suzanne*, délivrée par le jeune *Daniel*; les trois jeunes Hébreux jetés dans la fournaise; *Daniel*, dans la fosse aux lions, et les histoires admirables d'*Esther* et de *Tobie*. Ils furent témoins de la terrible punition de l'orgueilleux *Nabuchodonosor* et de la fin malheureuse de *Balthazar*.

LES ROIS D'ISRAEL.

Il y a eu dix-neuf rois d'Israël : *Jéroboam*, *Nadab*, *Baza*, *Ela*, *Zambri*, *Ambri*, *Achab*, *Ochosias*, *Joram*, *Jehu*, *Joachas*, *Joas*, *Jeroboam II*, *Zacharias*, *Sellum*, *Manahem*, *Phacéïas*, *Phacée* et *Osée*.

Les rois qui succédèrent à *Jéroboam*,

l'imitèrent dans son impiété; presque tous moururent de mort violente. Dieu les abandonna, et le royaume d'Israël fut subjugué. D'abord *Phul*, roi d'Assyrie, en exigea des tributs ; ensuite *Teglatphalasar*, son successeur, conquit les provinces qui étoient au delà du Jourdain ; on en transporta tous les habitants dans la Médie et la Syrie. Enfin *Sulmanasar* prit Samarie, et emmena *Ozée* captif à Ninive.

Les Israélites se répandirent alors dans les parties septentrionales de l'Asie ; ils n'en sont jamais revenus. Ainsi finit le royaume d'Israël, après avoir duré 255 ans depuis qu'il fut séparé de celui de Juda. Ezéchias régnoit alors sur les Juifs.

LES PROPHÈTES.

Dieu envoya en Israël des hommes inspirés, remplis de son esprit, pour consoler les vrais fidèles : les plus illustres furent *Elie* et *Elisée*.

Elie fit cesser la pluie pendant trois ans et demi, pour punir l'idolâtrie du roi

Achab; il ressuscita un enfant mort et fit plusieurs autres miracles. Enfin il fut enlevé au ciel dans un char de feu.

Elisée divisa les eaux du Jourdain avec le manteau d'*Elie*; il ôta avec du sel l'amertume de la fontaine de Jéricho, et prédit une famine, qui arriva sept ans après; il aveugla les Syriens, guérit de la lèpre *Naaman*, leur général; ressuscita le fils de la Sunamite, et fit dévorer par des ours quarante-deux enfants qui l'avoient appelé par dérision *tête chauve*.

RÉTABLISSEMENT DES JUIFS.

La captivité des Juifs avoit duré 70 ans, quand *Cyrus*, roi de Perse, ayant conquis Babylone, les renvoya dans leur pays, et leur permit de rebâtir le temple. Ils revinrent à Jérusalem, au nombre de quarante-deux mille, sous la conduite de *Zorobabel*. Les Samaritains, c'est-à-dire ceux que les rois d'Assyrie avoient mis à la place des Israélites, ennemis du peuple de Dieu, retardèrent quelque temps le rétablissement de la sainte Cité ; mais enfin Jérusalem fut rebâtie : Néhémias acheva de relever ses murailles ; la terre fut repeuplée et cultivée, et les Juifs vécurent en paix sous les rois de Perse, avec une liberté entière pour l'exercice de leur religion.

Alexandre le Grand, roi de Macédoine, ayant détruit la puissance des Perses, ne changea rien à l'état des Juifs. Son empire fut partagé entre ses capitaines. De là vinrent les Ptolémées, rois d'Egypte, dont la capitale étoit Alexandrie ; et les Séleucides, rois de Syrie, qui résidoient à Antioche. Les Juifs souffrirent assez souvent de leurs divisions ; mais cependant ils s'étendirent dans la Macédoine et dans la Grèce même, où ils répandirent la connoissance du vrai Dieu.

LES FRÈRES MACHABÉES.

Anthiochus, roi de Syrie, voulant absolument substituer le culte des idoles à celui du vrai Dieu, exerça sur les Juifs des cruautés inouies, pour les obliger à renoncer à leur culte.

Le saint homme *Eléazar* et les sept frères *Machabées* furent les plus illustres victimes de la barbarie de ce prince. *Eléazar* aima mieux mourir que de manger des viandes défendues, ou même de feindre en manger. Les *Machabées* firent paroître dans les tourmens un courage héroique, animés par les exhortations de leur vertueuse mère. Après avoir adoré la main de Dieu dans ses châtimens, ils allèrent recevoir dans le ciel la palme du martyre.

Judas Machabée et ses frères prirent les armes pour la défense de leur liberté et de la religion. Vainqueurs de leurs ennemis, ils reprirent Jérusalem, purifièrent le temple, rétablirent les sacrifices, et s'affranchirent du joug des nations infidèles.

Simon, l'un des Machabées, de la race d'Aaron, fut reconnu chef du peuple et souverain pontife ; mais Hérode trouva moyen d'usurper le royaume. Iduméen de naissance, mais de religion juive, il s'insinua dans la faveur de *Marc-Antoine*, ensuite de *César-Auguste*, et obtint le royaume des Juifs sous la protection des Romains. Jésus-Christ naquit sous son règne ; mais, loin de le reconnoître pour le Messie, il voulut le faire périr dans le massacre des Innocents.

ABRÉGÉ DE L'HISTOIRE
DU NOUVEAU TESTAMENT.

NAISSANCE DE JÉSUS-CHRIST.

Les oracles des prophètes étant accomplis, et le temps que Dieu avoit marqué pour répandre sa miséricorde sur les hommes étant arrivé, l'ange Gabriel apparut à Zacharie lorsqu'il étoit dans le temple ; il lui annonça qu'il auroit un fils, appelé *Jean*, dont la naissance seroit la joie et la bénédiction du peuple juif.

Six mois après, dieu envoya le même ange vers une vierge nommée Marie, qui demeuroit à Nazareth ; elle étoit mariée à saint Joseph, que Dieu lui avoit donné pour être le gardien et le protecteur de sa pureté.

L'ange Gabriel trouva Marie seule ; il la salua, l'appela pleine de grâce : ces louanges la troublèrent d'abord ; Gabriel ajouta : Ne craignez point, Marie. Il lui prédit ensuite qu'elle auroit un fils, qu'elle nommeroit *Jésus;* que ce fils seroit grand, qu'il règneroit dans la maison de Jacob, assis sur le trône de David, son père, et que son royaume n'auroit point de fin. Lorsque Marie eut entendu ces paroles, elle s'inclina avec humilité, et dit : *Je suis la servante du Seigneur, qu'il me soit fait selon votre parole.*

Quelque temps après, la Sainte-Vierge alla rendre visite à sa cousine Elisabeth, femme de Zacharie, pour lui témoigner sa joie de la savoir enceinte après une longue stérilité. La présence de Jésus-Christ, qu'elle portoit dans son sein, agit sur saint Jean ; il tressaillit d'allégresse, et devint, avant de naître, le premier adorateur de Jésus. Sainte Elisabeth s'écria : « D'où me vient cet honneur que la mère de mon Dieu vienne vers moi ! »

Jésus naquit à Bethléem, petite ville de Judée, où David étoit né, et où le Christ devoit naître, suivant les prophéties. Joseph et Marie furent obligés de s'y rendre pour satisfaire à une ordonnance de l'empereur Auguste, qui voulut que chacun fît inscrire son nom dans le lieu de sa naissance. La sainte Famille n'ayant pu trouver de place dans aucune hôtellerie, parce qu'elle étoit pauvre, elle se logea dans une étable, où Marie mit au monde celui qui devoit en être le rédempteur.

Huit jours après sa naissance, Jésus-Christ fut circoncis et appelé *Jésus*. Quelque temps après, des mages vinrent de l'Orient à Jérusalem, et demandèrent à *Hérode* en quel lieu le roi des Juifs étoit né, afin qu'ils pussent lui rendre hommage, parce qu'une étoile miraculeuse leur étoit apparue, qui marquoit sa naissance. Cette nouvelle troubla Hérode. Pour se défaire de Jésus, il ordonna le massacre des innocents ; mais sa cruauté fut inutile, car saint Joseph, averti par un ange, prit l'enfant et Marie sa mère, et s'enfuit en Egypte.

ENFANCE DE JÉSUS-CHRIST.

Après la mort d'Hérode, qui avoit voulu perdre le Sauveur dès sa naissance, Dieu ordonna à Joseph de retourner dans la terre d'Israël. La sainte Famille vint demeurer dans la ville de Nazareth pour éviter la fureur d'Archélaüs, fils d'Hérode, qui régnoit en Judée.

Joseph et Marie alloient tous les ans, à la fête de Pâques, de Nazareth à Jérusalem, selon l'ordonnance de la loi. Lorsque Jésus eut douze ans, sa mère le perdit au moment de retourner à Nazareth. Au bout de trois jours, elle le trouva dans le temple de Jérusalem, écoutant les docteurs, et les instruisant.

Depuis cette époque jusqu'à l'âge de trente ans, qu'il commença sa prédication, l'Ecriture ne dit rien de Jésus, si ce n'est qu'il vivoit du travail de ses mains, donnant l'exemple de la douceur et de l'humilité.

BAPTÊME DE JÉSUS.

Trente-deux ans s'étant passés depuis la naissance de Jésus-Christ, Dieu voulut enfin le tirer de sa vie obscure et cachée, pour le manifester au monde. Saint Jean, que l'Eternel avoit destiné pour être le précurseur du Christ, sortit du désert, où il vivoit comme un ange revêtu d'un corps mortel. Etant venu sur les bords du Jourdain, il prêcha la pénitence, et baptisa tous ceux qui vinrent à lui. L'éclat de ses vertus et sa vie austère le faisoient déjà regarder comme un saint : quand il parut on commença à croire qu'il étoit le *Messie*.

Lorsque tout Jérusalem alloit dans le désert pour écouter saint Jean, et recevoir de lui le baptême, Jésus-Christ y alla aussi et se tint caché parmi la foule; mais saint Jean le reconnut. Frappé d'un profond respect, il ne put se résoudre à verser de l'eau sur la tête du Sauveur. Jésus voulut être baptisé par lui : alors le ciel s'ouvrit, le Saint-Esprit descendit sur la tête du Messie en forme de colombe ; on entendit une voix qui venoit du ciel prononcer ces paroles : *C'est là mon fils bien aimé, dans lequel j'ai mis toutes mes affections.* Après que *Jésus* fut baptisé, il se retira dans le désert, où il jeûna quarante jours.

MIRACLES DE JÉSUS.

Le premier miracle de Jésus se fit aux noces de Cana, ville de Galilée, où étoit la sainte Vierge ; le seigneur y ayant été invité avec ses disciples, et le vin manquant, il ordonna qu'on remplît d'eau six grands vases qui se trouvoient là ; ayant changé cette eau en vin, il commanda qu'on en portât au maître d'hôtel. Cet homme dit à l'époux, après en avoir goûté : Vous avez fait le contraire de ce que font ordinairement tous les hommes ; car vous avez réservé le bon vin pour le dernier.

Jésus fit un grand nombre d'autres miracles, la conversion de la Samaritaine, la guérison du paralytique, le lépreux guéri, la conversion de la Madeleine, la multiplication des pains ; il prêcha l'évangile, c'est-à-dire la morale qui conduit au royaume des cieux.

Parmi ceux qui suivoient *Jésus*, il en choisit douze pour le seconder dans ses travaux; il leur donna le nom d'*apôtres*, qui veut dire *envoyés*, parce qu'après sa mort il devoit les envoyer prêcher son nom et son évangile dans tout l'univers.

Ces *apôtres*, qui devoient répandre la foi sur toute la terre, étoient des hommes simples et sans lettres, pour faire admirer davantage la puissance de Dieu. Le Seigneur les prit parmi les pêcheurs: voici comment:

Comme il marchoit sur les bords du lac de Génézareth en Galilée, il vit *Simon*, qu'il nomma *Pierre*; *André*, son frère; *Jacques* et *Jean*, qui raccommodoient leurs filets pour pêcher: il les appela, et leur dit: « Suivez-moi, je vous ferai pêcheurs d'hommes. »

Jésus mena ses disciples sur une haute montagne, où il leur fit ce sermon célèbre, appelé les *huit béatitudes*:

Heureux les pauvres d'esprit, parce que le royaume des cieux leur appartient.

4

Heureux ceux qui sont doux, parce qu'ils posséderont la terre.

Heureux ceux qui pleurent, parce qu'ils seront consolés.

Heureux ceux qui ont faim et soif de la justice, parce qu'ils seront rassasiés.

Heureux ceux qui sont miséricordieux, parce qu'ils seront traités avec miséricorde.

Heureux ceux qui ont le cœur pur, parce qu'ils verront Dieu.

Heureux les pacifiques, parce qu'ils seront appelés les enfants de Dieu.

Heureux ceux qui souffrent persécution pour la justice, parce que le royaume du ciel est à eux.

LA TRANSFIGURATION.

Jésus-Christ se trouvant seul avec ses disciples, et parcourant les villes de Césarée, leur demanda ce que le monde disoit de lui. Ils lui répondirent que les uns le croyoient Jean-Baptiste, d'autres Elie, ou quelqu'un des anciens prophètes. Et vous, dit Jésus, qui croyez-vous que je

suis ? Pierre répondit sans hésiter : Vous êtes le *Christ*, fils du Dieu vivant. « Vous êtes heureux, lui dit Jésus, de ce que mon père vous a révélé cette vérité ; c'est pourquoi *j'établirai sur vous mon église, et les portes de l'enfer ne prévaudront jamais contre elle.* »

Huit jours après que cela fut passé, Jésus prit avec lui Pierre, Jacques et Jean, et les mena sur une haute montagne. Lorsqu'il prioit, son visage devint éclatant comme le soleil, et ses habits plus blancs que la neige ; Moïse et Elie parurent et s'entretinrent avec le Sauveur. Surpris de la gloire de leur maître, et de la présence des deux prophètes, les disciples tombèrent le visage contre terre. En même temps ils entendirent une voix qui dit : *C'est ici mon fils bien-aimé, écoutez le.* Jésus s'étant approché, les toucha, et leur dit : Ne craignez rien. S'étant levés, ils ne virent plus que Jésus seul.

L'ENFANT PRODIGUE.

Le fils de Dieu, qui avoit souvent exhorté les hommes à la pénitence, voulut encore leur montrer par diverses paraboles combien un sincère repentir étoit agréable à Dieu et aux anges. C'est d'abord la joie d'un pasteur qui a retrouvé sa brebis égarée ; une autre fois une femme qui, après avoir cherché long-temps une pièce de monnoie, la retrouve et invite ses voisines à s'en réjouir avec elle; mais la plus touchante de toutes est celle de l'enfant prodigue.

Un homme, dit le Sauveur, avoit deux fils. Le plus jeune pria son père de lui donner ce qui lui revenoit de son bien ; l'ayant obtenu, il alla dans un pays éloigné, et consuma toute sa fortune en vivant dans la débauche. Or il arriva que lorsqu'il n'eut plus rien, une grande famine se fit sentir dans tout le pays; il fut obligé de se mettre au service d'un des habitants du lieu, qui l'envoya à sa maison de campagne pour y garder les pourceaux. Dans cette misérable occupation, le malheur de ce jeune homme étoit si grand, qu'il envioit aux animaux leur sale nourriture ; mais personne ne lui en donnoit.

Etant rentré en lui-même, il dit : *Com-*

bien de serviteurs dans la maison de mon père ont du pain en abondance, tandis que je meurs ici de faim! Il se mit en chemin pour aller trouver son père, et lui avouer ses fautes. Lorsqu'il étoit encore bien loin, son père l'aperçut; touché de compassion, il courut à lui et l'embrassa. Ce fils repentant se jeta à ses genoux: *Mon père*, lui dit-il, *j'ai péché contre le ciel et contre vous, je ne suis plus digne d'être appelé votre fils*; mais son père ordonna à ses serviteurs de le revêtir de ses premiers habits; il tua le veau gras, et fit un festin magnifique. Son fils aîné s'en fâcha, il lui en fit des reproches. Son père lui répondit qu'il étoit juste de se réjouir, puisque son fils, qui étoit mort, étoit ressuscité.

Jésus dit encore à ses disciples et aux Juifs la parabole du *mauvais riche* et de *Lazare*, pour leur apprendre à mépriser les richesses.

LA CÈNE.

Après toutes les prédications que Jésus-Christ fit au peuple depuis son entrée à

Jérusalem, comme il ne restoit plus que deux jours jusqu'à la fête de Pâques, il ordonna à ses disciples de préparer toutes choses pour la célébrer. Judas avoit déjà arrêté avec les Juifs de leur livrer son maître. Tout étant disposé, Jésus entra dans la salle où il devoit faire la cène avec ses disciples ; il leur déclara d'abord qu'il avoit désiré avec ardeur faire la pâque avec eux. Lorsqu'il eut mangé l'agneau, selon l'ordonnance de la loi, il prit de l'eau dans un bassin, lava les pieds à ses apôtres, et les essuya d'un linge qui lui ceignoit le corps. Quand il eut donné au monde, par cet excès d'abaissement, l'exemple de l'humilité chrétienne, il reprit ses habits, et, s'étant remis à table, prit du pain, le bénit, le rompit, et le donna à ces disciples en leur disant : *Ceci est mon corps*. Après qu'il eut soupé, il prit le calice, c'est-à-dire la coupe où il buvoit, y mit du vin, et, ayant rendu grâces, le bénit, et le leur donna, disant : « *Ceci est mon sang*, le sang de la nouvelle alliance, qui sera répandu pour la rémission des péchés : faites ceci en mémoire de moi. » Le Seigneur institua ainsi le sacrement de l'Eucharistie.

LA PASSION DE JÉSUS-CHRIST.

Cependant Judas sortit pour exécuter le dessein qu'il avoit concerté avec les Juifs, tant son cœur étoit endurci. Alors Jésus parla de sa passion à ses disciples ; il prédit à Pierre qu'il le renonceroit jusqu'à trois fois. Leur ayant commandé ensuite de prendre des épées, il s'en alla avec eux sur la montagne des Olives. Lorsqu'il fut dans un lieu appelé Gethsemani, il entra seul dans un jardin qui étoit proche, et se mit à prier. En songeant aux maux qu'il alloit souffrir, il fut saisi d'une tristesse extrême ; une sueur de sang coula de tout son corps : *Mon père*, s'écria-t-il, *que néanmoins votre volonté soit faite, et non la mienne.* Un ange parut pour le fortifier.

Cependant Judas amena dans le jardin une grande troupe de gens armés envoyés par les sacrificateurs et les sénateurs. Pierre tira son épée et en frappa un serviteur du grand-prêtre ; mais Jésus lui dit de remettre son épée dans le fourreau, et il se laissa lier. Ses disciples prirent alors la fuite.

Conduit chez Caïphe, ensuite chez Pilate, Jésus ne répondit point à leurs questions. Hérode, à qui il fut présenté, se moqua de lui, ainsi que toute sa cour; il le renvoya à Pilate, qui, ne trouvant point en Jésus-Christ de crime digne de mort, le fit fouetter de verges pour toucher les Juifs de compassion; mais tous s'écrièrent en le voyant qu'il falloit le crucifier.

On conduisit le Sauveur sur la montagne du Calvaire : on lui ôta ses vêtements, et on l'attacha sur la croix entre deux voleurs, afin qu'il passât lui-même pour un scélérat.

Lorsque Jésus eut accompli son sacrifice et qu'il eut été obéissant jusqu'à la mort, Dieu fit connoître aux Juifs, par des prodiges, le crime énorme qu'ils avoient commis : le voile du temple se déchira en deux depuis le haut jusqu'en bas, la terre trembla, les pierres se fendirent, les sépulcres s'ouvrirent, les morts ressuscitèrent, sortirent de leurs tom-

beaux, vinrent à Jérusalem, et apparurent à plusieurs. Tous ces prodiges obligèrent les soldats qui gardoient Jésus à confesser qu'il étoit véritablement le fils de Dieu. *Joseph d'Arimathie* ayant obtenu son corps, l'embauma et le mit dans un sépulcre neuf, dont il ferma l'entrée avec une pierre. Les Juifs se ressouvenant que Jésus-Christ leur avoit dit plusieurs fois qu'il ressusciteroit, le firent garder, et scellèrent la pierre avec le sceau de la ville.

LA RÉSURRECTION.

Trois jours après la mort de Jésus-Christ, il se fit un grand tremblement de terre. Un ange du Seigneur descendit du ciel, ôta la pierre qui fermoit le tombeau et s'assit dessus. Ses yeux étoient brillants comme un éclair, et ses vêtements blancs comme la neige. Les gardes qui veilloient auprès du sépulcre, furent saisis de frayeur, et tombèrent comme morts; ils retournèrent à Jérusalem raconter aux prêtres ce qui venoit d'arriver.

Cependant Marie-Madeleine et quelques autres saintes femmes étant venues au sépulcre de grand matin pour jeter de nouveaux parfums sur le corps de Jésus, se demandèrent entre elles qui leur ôteroit la pierre qui fermoit l'entrée du tombeau ; mais leur surprise fut grande de voir que cette pierre, fort grosse, n'y étoit plus.

Jésus-Christ apparut à plusieurs personnes après sa résurrection : à S *Pierre*, à la *Madeleine*, aux disciples d'Emmaüs, à saint *Thomas*, qui, pour s'assurer que c'étoit bien le Seigneur, mit ses doigts dans les trous des plaies de Jésus Christ.

Lorsque le temps de son ascension fut arrivé, Jésus-Christ se trouva au milieu de ses disciples. Il leur déclara qu'il avoit reçu de son père la toute-puissance dans le ciel et sur la terre ; il les envoya dans tout le monde prêcher l'évangile, baptiser toutes les nations, leur promettant de demeurer toujours avec eux jusqu'à la fin des siècles.

Après leur avoir fait ce commandement, il fut enlevé au ciel à leurs yeux. En montant, le Seigneur étendit les mains sur ses apôtres et les bénit : aussitôt une nuée le reçut et le cacha à ses disciples.

LES APOTRES REÇOIVENT LE SAINT-ESPRIT.

En montant au ciel, Jésus-Christ avoit commandé à ses apôtres d'attendre à Jérusalem les dons du Saint-Esprit qu'il leur devoit envoyer : c'est pourquoi étant retournés sur la montagne des Olives, ils se tinrent renfermés dans une maison, et passoient les jours en prières.

Lorsque le temps de la Pentecôte, c'est-à-dire de cinquante jours après Pâques, fut accompli, dix jours après l'ascension du Sauveur, il se fit tout à coup un grand bruit comme celui d'un vent impétueux, qui remplit toute la maison où les disciples étoient assemblés ; en même temps il parut comme des langues de feu qui se reposèrent sur chacun d'eux ; ils furent tous remplis du Saint-Esprit, et ils parloient diverses langues, selon que l'Esprit-Saint les inspiroit. Tout Jérusalem, témoin de cette merveille, se demandoit : D'où peut venir ce prodige? Mais Pierre se mit à les instruire, en leur annonçant le royaume de Dieu. Plusieurs, touchés de ses discours, se convertirent : il y en eut cette fois environ trois mille de baptisés.

PERSÉCUTION DE L'ÉGLISE NAISSANTE.

L'Eglise se multiplioit de jour en jour, quand les principaux d'entre les Juifs, mécontents de ses progrès, se saisirent des apôtres et les firent mettre en prison ; mais, la nuit, un ange vint les délivrer. Amenés de nouveau devant le grand-prêtre, le pontife leur demanda pourquoi ils prêchoient au nom de *Jésus* : saint Pierre lui répondit : Qu'il falloit obéir à Dieu plutôt qu'aux hommes. Le grand-prêtre ordonna qu'ils fussent battus de verges. Les apôtres sortirent du conseil pleins de joie d'avoir été jugés dignes de souffrir pour Jésus-Christ.

Quelque temps après, *Etienne*, l'un des sept diacres de l'Eglise, qui faisoit des miracles, à cause de la grandeur de sa foi, fut cité à comparoître dans l'assemblée des Juifs ; il se défendit par des paroles pleines de feu, et reprocha à ses ennemis l'endurcissement de leurs cœurs. Outrés de sa hardiesse, tous fondirent sur lui, le menèrent hors de la ville et le lapidèrent.

En mourant, ce premier martyr de la foi pria Dieu pour ceux qui le faisoient mourir : « Seigneur, s'écria-t-il, ne leur » imputez point ce péché; car ils ne sa- » vent ce qu'ils font ! »

Après le martyre de saint Etienne, la persécution augmenta : les fidèles furent dispersés dans différentes provinces, et répandirent la foi dans tout le monde.

Les apôtres, qui étoient restés à Jérusalem, envoyèrent saint Pierre et saint Jean dans la ville de Samarie pour y prêcher la parole de Dieu : un grand nombre de Juifs embrassèrent la foi.

Mais la conversion la plus utile à l'Eglise fut celle de *saint Paul*, un des plus ardents persécuteurs des Chrétiens. Lorsqu'il alloit à Damas pour exécuter les ordres sanguinaires du prince des prêtres, il fut tout à coup environné d'une lumière éclatante qui l'aveugla et le renversa par terre ; il entendit en même temps une voix qui lui dit : Saul, Saul, pourquoi me persécutez-vous ? Qui êtes-vous, Seigneur ? répondit-il. Je suis *Jésus* que vous persécutez. Saul s'écria : Seigneur, que voulez-vous que je fasse ? Le Seigneur l'adressa à un saint homme, nommé Ananias, qui le baptisa et lui rendit la vue. *Saul*, qui prit, à son baptême, le nom de *Paul*, demeura quelques jours à Damas avec les Chrétiens, prêchant dans les synagogues des Juifs, et enseignant que *Jésus* étoit véritablement fils de Dieu.

VOCATION DES GENTILS.

Jésus, qui avoit dit étant parmi les hommes : Je ne suis pas venu pour ceux qui sont en santé, mais pour les malades, voulut appeler à lui les nations idolâtres.

Il y avoit un capitaine romain, nommé Corneille, qui, quoique gentil, connoissoit le vrai Dieu, le servoit et faisoit de grandes aumônes. Le Seigneur le regarda dans sa miséricorde ; il lui envoya saint Pierre pour l'instruire et le baptiser. Le saint apôtre trouva Corneille entouré de ses parents et amis, qui, après avoir entendu les paroles de l'Evangile, demandèrent le baptême. Les apôtres et les autres fidèles furent surpris que Pierre eût entré dans la maison d'un incirconcis; mais lorsqu'ils surent que c'étoit par l'ordre de Dieu : Quoi donc ! dirent-ils, Dieu a donné même aux Gentils la pénitence pour entrer dans la vie !.... Et ils bénirent le Seigneur.

Les Juifs, au contraire, si favorisés du ciel, virent Jérusalem détruite, comme il leur avoit été prédit. S'étant révoltés contre les Romains, Titus assiégea et prit leur ville après une famine horrible. Le temple fut brûlé; les Juifs, devenus esclaves, furent chassés de leur pays pour errer dans le monde.

On vit alors l'accomplissement de la prophétie de Jacob : Que le sceptre ne sortiroit point de Juda, jusqu'à ce que vînt celui qui étoit l'attente des nations.

La religion chrétienne s'est conservée jusqu'à présent dans sa pureté, par le ministère que Jésus-Christ même a établi. Ce ministère, qui est composé des pasteurs, est l'Eglise; c'est elle qui est la dépositaire de notre foi et la règle de notre croyance : qui n'a pas l'Eglise pour mère, n'aura pas Dieu pour père.

Maximes tirées de l'Ecriture-Sainte.

Enfants, obéissez à vos pères et à vos mères en ce qui est selon le Seigneur ; car cela est juste. *Ephés.* 5.

Honorez votre père et votre mère, afin que vous soyez heureux, et que vous viviez long-temps sur la terre. *Deut.* 5.

Maudit soit celui qui n'honore point son père et sa mère. *Deut.* 27.

Celui qui outrage son père et sa mère, de paroles, est digne de mort. *Exod.* 21.

Celui qui frappe son père et sa mère est digne de mort. *Exod.* 21.

Mon fils, soulagez votre père dans sa vieillesse, et ne l'attristez pas durant sa vie ; car la charité que vous aurez eue pour votre père ne sera point mise en oubli devant Dieu. *Ecclés.* 3.

Un enfant qui est sage est la joie de son père ; l'enfant insensé est la tristesse de sa mère. *Prov.* 20.

Corrigez votre fils, il vous consolera, et il deviendra les délices de votre ame. *Prov.* 16.

Le méchant se moque de la correction de son père; celui qui se soumet au châtiment en deviendra plus sage. *Prov.* 15.

L'enfant abandonné à sa volonté fera la confusion de sa mère, et il deviendra insolent. *Prov.* 29.

Ne rendez point votre fils maître de ses actions pendant qu'il est jeune; ne négligez point ce qu'il fait et ce qu'il pense. *Ecclés.* 30.

Instruisez votre fils; appliquez-vous à le former, de peur qu'il ne vous déshonore par sa vie honteuse. *Ecclés.* 30.

L'enfant qui dérobe quelque chose à son père ou à sa mère, et qui dit que ce n'est pas un péché, a part au crime des homicides. *Prov.* 28.

Enfants, obéissez à vos supérieurs, et soyez soumis à leurs ordres; car ce sont eux qui veillent pour le salut de vos ames, comme devant en rendre compte à Dieu. *Hébr.* 13.

Celui qui aime à être repris, aime la science; mais celui qui hait les réprimandes, s'égare. *Prov.* 10.

Mon fils, demandez toujours conseil à un homme sage. *Tobie,* 4.

Portez honneur et respect à ceux qui ont des cheveux blancs. *Lévit.* 19.

Celui qui fréquente des personnes sages, devient sage. *Prov.* 13.

Rendez-vous service les uns aux autres par un esprit de charité. *Galat.* 5.

Soyez toujours prêts à faire du bien à vos frères et à tout le monde. 1. *Thess.* 5.

Edifiez-vous les uns les autres, rendez-vous parfaits, excitez-vous au bien. 2. *Cor.* 13.

N'ayez point de liaison avec les méchants. *Ecclés.* 7.

Eloignez-vous des mauvaises langues : que les médisants soient loin de vous. *Prov.* 4.

Mon fils, ayez Dieu présent dans l'esprit tous les jours de votre vie, et ne consentez jamais au péché; ne violez jamais les préceptes de la loi du Seigneur notre Dieu. *Tobie.* 4.

Ceux qui commettent le péché sont ennemis de leur ame. *Tobie,* 12.

Evitez le mal, et faites le bien. *Ps.* 16.

Qui commet le péché est enfant du diable ; celui qui est né de Dieu ne connoît point de péché. 1. *Epître S. Jean,* 3.

Tâchez d'avoir la paix avec tout le monde, et d'avoir la sainteté, sans laquelle personne ne verra Dieu. *Hébr.* 12.

Que votre lumière luise devant les hommes, afin qu'ils voient vos bonnes œuvres, et qu'ils en glorifient votre père qui est dans le ciel. *S. Math.* 5.

Faites toutes vos actions dans un esprit de charité. 1. *Cor.* 16.

Quiconque s'élève sera abaissé ; quiconque s'humilie sera élevé. *S. Luc.* 14.

Celui qui a de la vanité et de l'orgueil sera en abomination devant Dieu. *Prov.* 16.

Le jeune homme suit sa première voie dans sa vieillesse même, et ne la quittera point. *Prov.* 22.

Vous aimerez le Seigneur votre Dieu de tout votre cœur, de toute votre ame, et de tout votre esprit. *S. Math.* 22.

Vous adorerez le Seigneur votre Dieu, et vous ne servirez que lui seul. *S. Luc*, 4.

Sachez que Dieu vous fera rendre compte, au jour du jugement, de toutes les fautes que vous aurez commises dans votre jeunesse. *Ecclés.* 11.

Si vous voulez entrer dans la vie éternelle, observez mes commandements, dit le Seigneur. *S. Math.* 19.

Heureux ceux dont les mœurs et la vie sont

D

pures, et qui se conduisent suivant la loi de Dieu. *Ps.* 118.

Rien ne manque à ceux qui craignent le Seigneur. *Ps.* 33.

Le juste est plus heureux avec le peu de bien qu'il possède, que le méchant au milieu des trésors. *Ps.* 39.

Mon fils, ne craignez point : il est vrai que nous sommes pauvres ; mais nous aurons beaucoup de biens si nous craignons Dieu, si nous nous éloignons de tout péché, et si nous faisons de bonnes œuvres, *Tobie*, 4.

Ne portez point envie aux méchants, et ne désirez pas d'être comme eux. *Prov.* 24.

Mon fils, avez-vous péché ? ne péchez plus ; mais priez pour vos fautes passées, afin qu'elles vous soient pardonnées. *Ecclés.* 31.

Mes petits enfants, n'aimez point vos frères de parole ni de langue, mais par des œuvres et en vérité. 1. *Epitre S. Jean*, 3.

Traitez les autres comme vous voudriez en être traité ; car c'est là toute la loi et les prophètes. *Math.* 7.

La crainte du Seigneur est le commencement de la sagesse : les méchants méprisent la sagesse et la science. *Prov.* 1.

Celui qui méprise la sagesse et l'instruction est malheureux. *Sag.* 3.

La sagesse n'entre point dans une ame maligne; elle n'habite point dans un corps assujetti au péché. *Sag.* 1.

Pratiquez en toutes choses l'humilité, la douceur et la patience, en vous supportant les uns les autres avec charité. *Ephés.* 4.

Ecoutez avec docilité ce que l'on vous dit, afin de bien comprendre, et de donner une réponse sage et juste. *Ecclés.* 5.

Ne répondez point avant d'avoir écouté, et n'interrompez personne au milieu de son discours. *Ecclés.* 11.

Mes enfants, ne parlez point mal les uns des autres. Celui qui médit de son frère, et qui juge ses actions, agit contre la loi. *S. Jacq.* 4.

Fuyez les disputes et les querelles. *Tit.* 3.

Le faux témoin ne demeurera point impuni; celui qui dit des mensonges périra. *Prov.* 16.

Tout paresseux est toujours pauvre. *Prov.* 21.

La tempérance dans le boire et dans le manger est la santé de l'ame et du corps. *Ecclés.* 31.

Le paresseux n'a pas voulu travailler à cause du froid; il mendiera son pain pendant l'été, et on ne lui donnera rien. *Prov.* 20.

Celui qui aime son fils le châtie souvent, afin qu'il en reçoive de la joie, et qu'il n'aille pas mendier à la porte des autres. *Ecclés.* 31.

Prière pour demander à Dieu la grace de bien apprendre.

Divin Jésus, qui avez aimé les enfants et qui avez pris plaisir à vous entretenir avec eux, parlez à notre cœur, éclairez notre esprit ; accordez-nous, ô notre bon maître, l'intelligence dont nous avons besoin pour comprendre les vérités de la religion ; apprenez-nous à porter, dès notre jeunesse, le joug aimable de votre loi ; enseignez-nous à être doux et humbles de cœur comme vous l'avez été ; conservez, augmentez, fortifiez la grace que vous avez répandue dans nos ames, afin qu'ayant soutenu jusqu'à la fin, par une vie toute chrétienne, l'honneur et les engagements de notre baptême, nous obtenions de vous, et par vous, l'héritage des élus, dans la gloire où vous régnez avec le Père et le Saint-Esprit. Ainsi soit-il.

Bonheur d'un enfant chrétien.
CANTIQUE.

Sur l'air : *Mes chers enfants, unissez-vous.*

Heureux ! bienheureux mille fois
Un enfant que le seigneur aime,
Que le seigneur daigne instruire lui-même,
Qui, de bonne heure, est docile à sa voix !
Il est orné dès sa naissance
Des plus rares présents des cieux,
Et du méchant l'abord contagieux
N'altère point son innocence.

Tel que dans un secret vallon
Croît, sur les bords d'une onde pure,
Un jeune lis, l'amour de la nature,
Loin des fureurs du cruel aquilon :
Il est orné dès sa naissance
Des plus rares présents des cieux,
Et du méchant l'abord contagieux
N'altère point son innocence.

Actes de Foi, d'Espérance et de Charité.
CANTIQUE.

Sur l'air : *Du haut en bas.*

Oui, je le crois
Ce que l'Eglise nous annonce,
Oui, je le crois,

Seigneur, et j'honore ses lois ;
Toutes les fois qu'elle prononce,
Par elle l'Esprit-Saint s'annonce ;
  Oui, je le crois.

    J'espère en vous,
Dieu de bonté, Dieu de clémence,
    J'espère en vous ;
Seigneur, ayez pitié de nous....
Vous seul comblez mon espérance,
Vous seul serez ma récompense ;
    J'espère en vous.

    O Dieu sauveur !
Vous êtes le seul bien suprême,
    O Dieu sauveur !
A vous seul je donne mon cœur.
C'est pour l'amour de vous que j'aime
Mon prochain autant que moi-même,
    O Dieu sauveur !

Autre Cantique sur les sept Dons du Saint-Esprit.

Air : *Du serin qui te fait envie*, etc.

LA SAGESSE.

Du bonheur on parle sans cesse ;
Mais où se trouvent les heureux ?
Les hommes prêchent la sagesse,
Et la sagesse fuit loin d'eux.

Sûr du bonheur quand on est sage,
Je veux aussi le devenir :
Avoir la sagesse en partage,
C'est aimer Dieu, c'est le servir.

LA SCIENCE.

Connoître Dieu, se bien connoître,
Voilà tout ce qu'il faut savoir ;
De ses penchants on devient maître,
On est esclave du devoir.
Ayons tous cette connoissance ;
Elle est pour nous le plus grand bien.
Quand on n'a pas cette science,
En sachant tout on ne sait rien.

L'INTELLIGENCE.

Don précieux d'intelligence,
Accompagnez toujours ma foi ;
Je n'ai besoin d'autre science
Que de bien comprendre la loi.
Cette loi si pure et si sainte,
Mille fois heureux qui la suit !
O loi, que, dans mon cœur empreinte,
Je te médite jour et nuit.

LE CONSEIL.

Esprit-Saint, j'ignore la route
Qu'il faut suivre pour me sauver :
Souvent je balance et je doute,
Je marche et ne puis arriver.
Sans cesse l'ennemi m'assiége,
La crainte agite mon sommeil ;

De tous côtés ce n'est que piége :
Esprit-Saint, soyez mon conseil.

LA PIÉTÉ.

O piété, quels sont tes charmes !
Tu remplis seule nos désirs ;
Par toi nous sont douces les larmes,
Et nos devoirs font nos plaisirs.
C'est par ton pouvoir ineffable
Que la vertu nous sait charmer ;
Puisque tu nous rends tout aimable,
Comment ne peut-on pas t'aimer ?

LA FORCE.

Divin esprit, esprit de force,
Je ne veux d'autre appui que toi ;
Qu'il règne un éternel divorce
Entre tes ennemis et moi.
Des monstres cherchent à m'abattre,
Je veux, par toi, les étouffer :
Le monde vient pour me combattre,
Par toi je veux en triompher.

LA CRAINTE.

Seigneur, votre volonté sainte
Est souvent pour nous sans appas ;
Juste, vous inspirez la crainte,
Et souvent on ne vous craint pas.
On craint le monde, on est à plaindre :
Que peut-il pour ou contre nous ?
Grand Dieu ! que j'apprenne à vous craindre,
A ne craindre même que vous.

Prière après les exercices.

O divin Jésus qui avez daigné vous faire enfant pour nous; ô vous qui avez toujours témoigné tant de tendresse et de bonté pour les enfants, qui les voyez avec complaisance s'approcher de vous, qui daignez même les bénir et les embrasser, et qui avez dit qu'il falloit leur ressembler pour entrer dans le royaume des cieux, jetez un regard favorable sur nous; faites que nous ayons toujours la douceur et la candeur de l'enfance, sans en avoir la légèreté, et qu'en imitant votre sainte enfance, nous croissions de jour en jour, à votre exemple, en science et en sagesse devant Dieu et devant les hommes, afin de régner un jour avec vous dans le ciel. Ainsi soit-il.

Prière pour demander à Dieu sa bénédiction pendant la nuit.

O Dieu dont la Providence
Fixe nos nuits et nos jours,
De la nuit que je commence
Daigne rendre heureux le cours.

Que tes anges tutélaires
Veillent sur tous mes moments,

Et que leurs soins salutaires
Gardent mon ame et mes sens.

Que jamais je ne sommeille
Que dans la paix du Seigneur,
Et que je ne me réveille
Que pour lui donner mon cœur.

Chiffres Arabes et Romains.

Un.	1	I.
Deux.	2	II.
Trois.	3	III.
Quatre.	4	IV.
Cinq.	5	V.
Six.	6	VI.
Sept.	7	VII.
Huit.	8	VIII.
Neuf.	9	IX.
Dix.	10	X.
Onze.	11	XI.
Douze.	12	XII.
Treize.	13	XIII.
Quatorze.	14	XIV.
Quinze.	15	XV.
Seize.	16	XVI.
Dix-sept.	17	XVII.
Dix-huit.	18	XVIII.
Dix-neuf.	19	XIX.
Vingt.	20	XX.
Trente.	30	XXX.
Quarante.	40	XXXX ou XL.
Cinquante.	50	L.
Soixante.	60	LX.
Soixante-dix.	70	LXX.

www.ingramcontent.com/pod-product-compliance
Lightning Source LLC
Chambersburg PA
CBHW070317100426
42743CB00011B/2459